Matthias Schwartz

Die Schlacht von Stalingrad

23. August 1942 – 2. Februar 1943

Inhaltsverzeichnis

Der schwarze Sonntag: 23. August 1942

Es war ein Sonntagnachmittag, als durch die Lautsprecher der bislang vom Krieg verschonten Industriestadt Stalingrad erneut eine Luftwarnung erschallte. Die sich über dreißig Kilometer am linken Ufer der Wolga in nordsüdlicher Richtung erstreckende Stadt galt lange als sicherer Rückzugsort weit hinter der Front, in der sich zu diesem Zeitpunkt mehr als eine halbe Million Menschen aufhielt, darunter Zehntausende evakuierte Flüchtlinge, auch aus dem belagerten Leningrad. Um vier Uhr waren zunächst vermehrt sowjetische Flugabwehrgeschütze aus den in den Wochen zuvor eilig aufgebauten Verteidigungsstellungen außerhalb der Stadt zu hören, ehe die Fliegerstaffeln der deutschen Luftwaffe am Himmel auftauchten und um 16:18 Uhr die ersten Bomben niedergingen. Von da an warfen über 1200 Bomber und Jagdflugzeuge die nächsten drei Stunden ununterbrochen in 1600 Flugeinsätzen tausend Tonnen Bomben über der Stadt ab, wobei die einzelnen Staffeln systematisch die gesamte Stadtfläche mit Bombenteppichen überzogen. Ein Unterschied zwischen zivilen und militärischen Zielen wurde nicht gemacht, es ging darum, die Stadt, die den Namen des obersten Befehlshabers der Sowjetunion trug, zur Gänze in Schutt und Asche zu legen. Geleitet wurde der Einsatz von Generaloberst Wolfram von Richthofen, der bereits im April 1937 während des Spanischen Bürgerkriegs die Zerstörung von Guernica durch die Legion Condor verantwortet hatte, die als erstes Flächenbombardement der Geschichte gilt.

Bei der Bombardierung Stalingrads handelte es sich um den konzentriertesten Luftüberfall an der Ostfront überhaupt, der die Stadt innerhalb kurzer Zeit in eine brennende Hölle umgeben von dunklem Rauch verwandelte: die vielen Holzhäuser

alamy B9NX7E

Die Fotografie „Am 23. August 1942. Nach einem massiven Luftangriff von Hitlers Luftwaffe“ von Emmanuil Jewserichin. Sie zeigt den zerstörten Springbrunnen „Kinderreigen“ vor dem Hintergrund der Ruinen des Hauptbahnhofs von Stalingrad.

vor allem im Südwesten der Stadt gingen in Flammen auf, die großen Öltanks am Hochufer der Wolga gerieten in Brand und liefen aus, sodass der Fluss von einem brennenden Ölteppich überzogen wurde, und die erst in den letzten Jahrzehnten gebauten steinernen Neubauten verwandelten sich fast vollständig in eine Ruinenlandschaft. Tausende Tote und noch mehr Verletzte waren an diesem ersten Tag zu beklagen. Eine Zeitzeugin erinnerte sich später: „Ich werde nie das unheilvolle Gebrüll der Sirenen und die Bombenexplosionen vergessen. (...) Was ich sah, ließ mich vor Angst erstarren. Der Himmel war völlig schwarz. Wenn sie die Bomben abgeworfen hatten, kehrten die Faschisten um und flogen weg, um mit neuen zurückzukommen. (...) Am glühenden Himmel erschienen ganze

SZ-Photo h-02885100

Bomber der deutschen Luftwaffe greifen im August 1942 einen mit Flüchtlingen aus Stalingrad an der Wolga beladenen Schiffskonvoi an.

Armadas dieser Geier, die die gesamte Stadt bombardierten, obwohl dort gar keine Militäreinrichtungen waren."

Es war der Beginn einer der größten Schlachten der Weltgeschichte. Am selben Tag, exakt drei Jahre nach Inkrafttreten des deutsch-sowjetischen Nichtangriffspakts mit dem berüchtigten geheimen Zusatzprotokoll zur Aufteilung der osteuropäischen Einflussgebiete, erreichte der erste deutsche Panzerverband den nördlichen Stadtrand. Deren Einnahme stellte sich jedoch als sehr viel schwieriger heraus, als von den Deutschen erwartet.

alamy 2B132EW

Ein zurückgelassenes, verwundetes sowjetisches Kriegspferd vor einem zerstörten Haus in Stalingrad.

Die Stadt an der Wolga: Von Zarizyn zu Stalingrad

Die im Süden Zentralrusslands gelegene Stadt Stalingrad, die bis 1925 Zarizyn hieß, verdankt ihren Aufstieg der günstigen geografischen Lage, da sie an der westlichen Seite der Wolga an einer Landenge nur 70 km entfernt zum Don gelegen ist, sodass sie als Umschlagplatz von Waren sowohl zwischen dem Landesinneren und dem Kaspischen Meer als auch dem Schwarzen Meer und dem Kaukasus diente. Mit seinem in den Sommermonaten trockenen Klima umgeben von weiten Steppenlandschaften blieb sie jedoch lange eine eher triste Provinz- und Handelsstadt. Erst in der zweiten Hälfte des 19. Jahrhunderts beginnt ihr rasanter ökonomischer Aufstieg als Industriestandort zur Metall- und Holzverarbeitung sowie des Rohöls aus Baku. Kurz vor Ausbruch des Ersten Weltkriegs hatte die Kreisstadt bereits mehr als 110.000 Einwohner und bekam 1913 sogar eine erste Straßenbahnlinie, bestand aber weiterhin noch weitgehend aus meist ein- und zweistöckigen Holzhäusern. Nach der Oktoberrevolution 1917 wurde die Stadt während des Bürgerkriegs mehrmals zum Schauplatz erbitterter Kämpfe zwischen der Roten Armee und den Truppen der Weißen, wobei Stalin als Kommandeur für den nördlichen Kaukasus zeitweise bei der Verteidigung des „roten Zarizyn“ mitwirkte. Aus diesem Grund erfolgte 1925 die Umbenennung der Stadt in Stalingrad (Stalinstadt), mit der bald ein Kult um Stalin und seine vermeintlich entscheidenden Verdienste während des Bürgerkriegs einherging. Zugleich begann im Zuge der gewaltsamen Industrialisierung der ganzen Sowjetunion nun der systematische Ausbau zu einer modernen Großstadt mit mehreren Maschinenbau-, Metallurgie- und

Energiefabriken, Ausbildungs- und Forschungsinstituten, mit zahlreichen Kinos, Theatern und Bibliotheken und einer entwickelten Infrastruktur. So wuchs die Bevölkerung in zwei Jahrzehnten um mehr als das Vierfache auf fast eine halbe Million Einwohner vor Ausbruch des Krieges. Es war aber vor allem der Name Stalins, der mit diesem forcierten Aufbau einer sozialistischen Vorzeigestadt seinen eigenen Ruhm und Glanz als Patron und Neugründer des Ortes zu mehren gedachte, der ihr später zum Verhängnis werden sollte. Denn mit deren Zerstörung versuchten Hitler und die deutsche Armeeführung nicht nur ein strategisches Ziel zu erreichen, sondern auch symbolträchtig dem verhassten Bolschewismus eine entscheidende Niederlage zu bereiten.

alamy 2AMF6D6

Sowjetisches Werbeplakat für die Stalingrader Traktorfabrik aus den 1930er-Jahren.

Der Krieg gegen die Sowjetunion

Der deutsche Überfall am 22. Juni 1941 überraschte die sowjetische Führung, denn sie hatte aufgrund des am 23. August 1939 geschlossenen Nichtangriffspakts mit dem Deutschen Reich erst ein Jahr später mit einer solchen Aggression gerechnet. Die eigenen Truppen befanden sich nach Säuberungen auf der Führungsebene und mehreren Umstrukturierungen der Roten Armee noch längst nicht in voller Verteidigungsbereitschaft. Zwar gelang es schnell die Rüstungs- und Industrieproduktion aus den europäischen Gebieten ins sibirische Hinterland zu evakuieren, aber erst im Herbst konnte der deutsche ‚Blitzkrieg' vor Leningrad, Moskau und im Südosten vor Rostow am Don zum Stehen gebracht werden.

So konnte die Wehrmacht bis zum Ende des Jahres das gesamte Baltikum, Belarus und bis auf den äußersten Osten das ganze Gebiet der Ukraine besetzen. Zwar begrüßten manche die Deutschen als ‚Befreier' von der kommunistischen Diktatur und Zehntausende kollaborierten als so genannte Hilfswillige („Hiwis") mit den Besatzern, doch für den Großteil der Bevölkerung bedeutete der Überfall Plünderung, Zerstörung, Vergewaltigung, Hunger und Tod. Millionen von sowjetischen Kriegsgefangenen wurden zur Zwangsarbeit ins Deutsche Reich deportiert, während die Wehrmacht und die ihr zugeordneten Einsatzgruppen der Sicherheitspolizei und des Sicherheitsdienstes ein brutales Besatzungsregime etablierten. Die systematische Vernichtung der sowjetischen Juden, Säuberungsaktionen gegen Partisanen und Massenerschießungen gehörten zum Alltag. Auch die als Elitetruppe der Wehrmacht geltende Sechste Armee war an Kriegsverbrechen und der Judenvernichtung unmittelbar beteiligt, so erfolgte unter ihrer Leitung etwa die Erschießung von 33.000 Kiewer Jüdinnen und

alamy F6DYN2

Soldaten der Roten Armee suchen Schutz vor einem deutschen Angriff, 12. September 1942.

Juden in der am Stadtrand gelegenen Schlucht Babi Jar am 29. und 30. September 1941.

Der Beginn der Schlacht von Stalingrad wird in den Geschichtswissenschaften unterschiedlich datiert. Sowjetische und russische Historiker nennen gewöhnlich die Formierung der Stalingrader Verteidigungsfront durch die 62. und 64. Armee am 17. Juli 1942 als Beginn, während von westlicher Seite meist die am 28. Juni gestartete Sommeroffensive – das „Unternehmen Blau“ – als Auftakt gilt. Diese richtete sich auf den europäischen Südosten der Sowjetunion mit dem Ziel, die Ölfelder von Baku zu erobern. Stalingrad galt hierbei als symbolträchtiger Ort von strategischer Bedeutung, den die Sechste Armee unter Führung von Generaloberst Friedrich Paulus mit Unterstützung rumänischer und italienischer Verbündeter sowie der Luftwaffe und zweier Panzerarmeen einnehmen

Wikipedia, RIA Novosti archive

Kriegsrat an der Stalingrader Front im Dezember 1942 (links Nikita Chruschtschow, rechts Andrei Jerjomenko).

sollte. Mit anfangs über 400.000 Mann rückten die Invasoren in Richtung der Stadt vor. Doch die sowjetischen Truppen leisteten starken Widerstand, sodass die Deutschen nach der Kesselschlacht bei Kalatsch erst am 21. August die Verteidigungslinien durchbrechen und über den Don übersetzen konnten. Die Stadt selber erreichte das Kampfgeschehen am 23. August, als die erste Panzerdivision bis zur Wolga im Norden von Stalingrad vorstieß, dort aber auf erhebliche Gegenwehr seitens der Verteidiger traf, während die deutsche Luftwaffe am selben Tag ihr Flächenbombardement begann.

Angesichts des erfolgten Angriffs rief die sowjetische Führung den Belagerungszustand der Stadt aus und übergab Generaloberst Andrei Jerjomenko das Oberkommando, dem der spätere Generalsekretär der KPdSU, Nikita Chruschtschow, als politischer Kommissar beiseitegestellt wurde. In Stalingrad hielten sich zu diesem Zeitpunkt immer noch mehr als eine halbe Millionen Menschen auf, da man bewusst auf eine Evakuierung verzichtet hatte, um Panik zu vermeiden und die Verteidigungsbereitschaft unter der Bevölkerung zu stärken. Dem diente auch der am 28. Juli 1942 von Stalin unterzeichnete berüchtigte Befehl 227„Keinen Schritt zurück!“, der alle Soldaten dazu aufforderte, unter Einsatz des Lebens ihre Stellungen zu halten, und bei Zuwiderhandlung Erschießung androhte. Es galt unter hohen Verlusten sowohl unter der Zivilbevölkerung als auch den Soldaten mit allen Mitteln den deutschen Angriffskrieg an der Wolga zu stoppen.

alamy B9NRA6

Sowjetische Befestigungen am Wolgaufer.

Die Schlacht des Jahrhunderts

Einen Tag nach dem Flächenbombardement begann die sowjetische Seite am 24. August 1942 mit der Evakuierung der Zivilbevölkerung, was ein extrem mühsames und gefährliches Unterfangen darstellte. Die deutschen Truppen waren sowohl im Norden wie auch im Süden zur Wolga durchgedrungen, sodass die Räumung nur über den Fluss selber erfolgen konnte. Die anfängliche deutsche Luftüberlegenheit und die ständigen Bombardements brachten hohe Verluste mit sich. Auch die Versorgung mit Nachschub konnte nur auf diesem Wege erfolgen. Trotzdem gelang es in den folgenden Tagen und Wochen über 300.000 Menschen in Sicherheit zu bringen.

Der erbitterte Widerstand der sowjetischen Verteidigungsfront setzte den deutschen Invasoren jedoch so sehr zu, dass sie erst drei Wochen später dazu in der Lage waren, die Eroberung der belagerten Stadt selber einzuleiten. Am 13. September begann die deutsche Großoffensive auf Stalingrad an allen Frontabschnitten, wobei die Wehrmacht zwar punktuell bis zum Fluss vorstieß, aber an strategisch wichtigen Punkten auch immer wieder zurückgeschlagen wurde. Vor allem das für die Verbindung mit der Ostseite der Wolga wichtige Ufergebiet und einige aufgrund ihrer Unübersichtlichkeit gut zu verteidigende Fabrikanlagen vermochten die Kämpfer der Roten Armee zu halten. Immer effektiver wurde in den folgenden Tagen und Wochen nachts Verstärkung über den Fluss geholt, während die Wehrmacht im Häuserkampf nur unter großen Verlusten vordringen konnte.

Die Verteidiger unter der Leitung von Generalleutnant Wassili Tschuikow, der seinen Unterstand direkt am Steilufer der Wolga hatte, wussten die unübersichtliche Lage der Ruinenstadt zu nutzen, in der die deutschen Panzer schwer durchdringen konnten. Scharfschützen, kleine Spähtrupps und

alamy B7NXWP

Soldaten der Roten Armee während des Häuserkampfes in Stalingrad.

Hinterhalte sorgten im von den Deutschen „Rattenkrieg" genannten Straßenkampf permanent für Gefahr. Den ganzen September und Oktober über gingen die Kämpfe um jede Fabrik, jedes Gebäude, jede Straßenecke erbittert weiter. Ein letzter Versuch, die ganze Stadt zu erobern, startete mit der „Operation Hubertus" am 9. November, als die Deutschen bis zu 95 Prozent der Stadtfläche in ihrer Hand hatten und Hitler in einer Rede im Münchener Hofbräukeller bereits einen Tag zuvor den

Sieg für sich beanspruchte. Doch sowohl Teile der großen Fabrikhallen im Norden als auch ein kleiner Häuserabschnitt im Zentrum sowie der direkte Uferstreifen blieben in den Händen der Roten Armee.

Zugleich hatte die sowjetische Armeeführung seit Mitte September eine umfassende sowjetische Gegenoffensive mit dem Ziel einer Einkreisung der Sechsten Armee geplant. Die Rote Armee hatte gigantische Verluste von bislang über 320.000 Toten und fast genauso vielen Verletzten bei der Verteidigung Stalingrads erlitten. Doch neue Rekrutierungen und der Abzug von Kräften aus den asiatischen Landesteilen im Fernen Osten und aus anderen Frontabschnitten machten es möglich, riesige Truppenverbände aufzustellen. Zudem war die sowjetische Wirtschaft inzwischen so weit, einen kontinuierlichen Nachschub von neueren, schlagkräftigeren Panzern, Kampfflugzeugen und Waffen aus dem Hinterland zu gewähren. Dieser „Operation Uranus" genannte Gegenangriff startete am 19. November 150 Kilometer westlich von Stalingrad von zwei Seiten und führte fünf Tage später erfolgreich zur Vereinigung der sowjetischen Verbände am Don bei Kalatsch. Vom 24. November an befanden sich 275.000 Soldaten im „Kessel von Stalingrad" 60 Kilometer und mehr vom übrigen deutschen Heer abgeschnitten.

Aufgrund der hohen Symbolkraft der Stadt an der Wolga untersagte das Oberkommando des Heeres unter Adolf Hitler jedoch einen sofortigen Ausbruch und ordnete stattdessen an, Stalingrad unbedingt so lange zu halten, bis ein Entsatz eintreffe. Noch zehn Wochen konnte die Sechste Armee sich in dem Kessel verteidigen, was den einzelnen Soldaten extrem viel abverlangte und später der Stoff für den westdeutschen Stalingradmythos werden sollte. Denn vom ersten Tag an setzten die Rotarmisten die eingekesselten Soldaten unter permanenten Druck, sei es durch andauernden Beschuss mit den von den Deutschen „Stalinorgel" genannten Raketenwerfern Katjuscha, seien es ständige kleine Überfälle, Sabotageakte und Gegenpropaganda durch Flugblätter und Radioansagen.

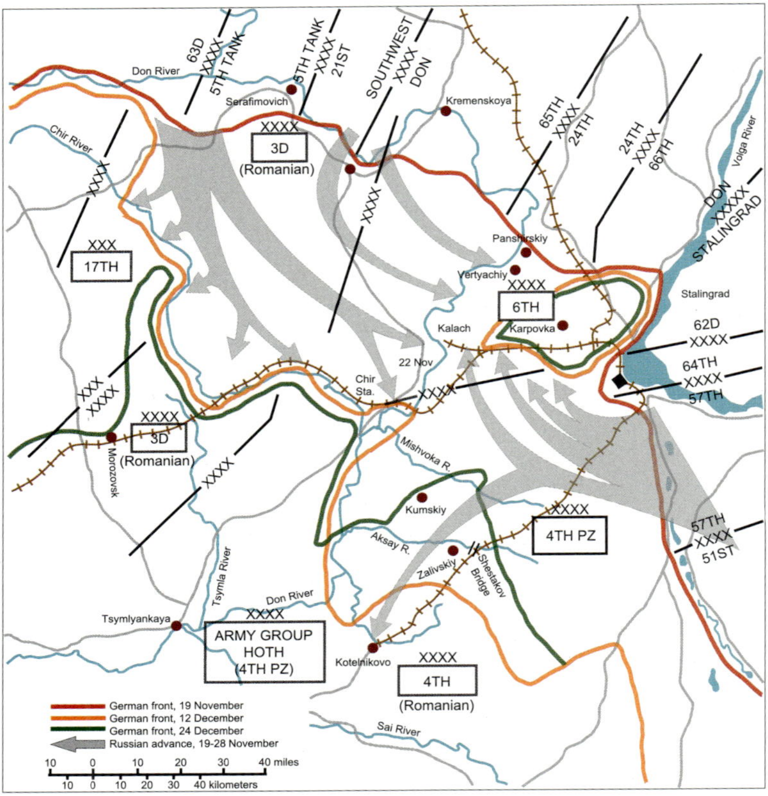

Wikipedia

Die Einkesselung der Sechsten Armee durch sowjetische Streitkräfte.

Zudem mussten die deutschen Truppen im Kessel nun mit einer Luftbrücke versorgt werden. Doch die Versorgung der insgesamt über 300.000 eingekesselten Soldaten, osteuropäischen „Hiwis“ und Kriegsgefangenen der Sechsten Armee gestaltete sich von Anfang an schwierig, und selbst als man noch zwei Flughäfen zum Einfliegen von Gütern und Ausfliegen von Verwundeten und Frontrückkehrern oder Delegierten zur Verfügung hatte, konnte nicht einmal ansatzweise genug

Nachschub geliefert werden. Daher überließen die Deutschen die verbliebene Zivilbevölkerung gänzlich sich selbst und lieferten die sowjetischen Kriegsgefangenen dem Hungertod aus. Aber auch unter den eigenen Leuten setzte bald Hunger ein, Krankheiten breiteten sich aus, zusätzlich machte das wechselhafte Winterwetter mit harten Frösten, matschigem und diesigem Tauwetter und starken Schneefällen den Deutschen zu schaffen.

Mit dem langsamen Vorrücken der Roten Armee verschlechterte sich die Situation dramatisch, die Zahl der Gefallenen, Verletzten und Hungertoten stieg rapide. Ein von Generalfeldmarschall Erich von Manstein als Oberbefehlshaber der Heeresgruppe Don geleiteter Entlastungsangriff kurz vor den deutschen Weihnachten, der einen Ausbruch der Sechsten Armee ermöglichen sollte, scheiterte kläglich. Trotz der aussichtslosen Lage lehnte die deutsche Führung jedoch eine Kapitulation energisch ab. So startete die sowjetische Seite nach Ende der russischorthodoxen Weihnachtstage (die zwei Wochen nach den westkirchlichen stattfinden) am 10. Januar 1943 ihre letzte Großoffensive „Operation Ring". Ende Januar gelang es ihr vom Westen her bis an die Wolga vorzustoßen und die desolaten deutschen Truppen in zwei Kessel aufzuspalten.

Noch einen Tag vor der Kapitulation ernannte Hitler Oberbefehlshaber Paulus zum Generalfeldmarschall, was einer Aufforderung zum heroischen Freitod gleichkam, anstatt sich gefangen nehmen zu lassen. Doch Paulus kam dem nicht nach. Am 31. Januar umstellten sowjetische Truppen das im Keller unter einem zerbombten Kaufhaus gelegene Hauptquartier von Paulus und zwangen ihn zur Aufgabe, zwei Tage später kapitulierten auch die verbliebenen Divisionen im Nordkessel. Von den ungefähr 75.000 in der Stadt verbliebenen Zivilisten überlebten nur weniger als 7.700 Einwohnerinnen und Einwohner in den Trümmern und Kellern der Stadt. Ungefähr 110.000 deutsche Soldaten und deren Verbündete und „Hiwis" gingen in Kriegsgefangenschaft, von denen aufgrund der generell schlechten Versorgungslage auf

Wikipedia, RIA Novosti archive

Sowjetische Soldaten im zerstörten Stadtzentrum von Stalingrad nach der Befreiung.

der sowjetischen Seite der Großteil in den folgenden Monaten und Jahren sterben sollte.

Mit ihren insgesamt bis zu zwei Millionen Toten und Verletzten gilt die Schlacht um Stalingrad als die blutigste der Weltgeschichte, insbesondere für die sowjetische Seite, die mit insgesamt ca. 1,7 Millionen Menschen beteiligt war, während auf der deutschen in den mehr als fünf Monaten 850.000 Soldaten und Unterstützer im Einsatz waren. Die Rote Armee hatte an der Stalingrader Front von Mitte Juni 1942 bis Anfang Februar 1943 fast 480.000 Tote und über 650.000 Verletzte zu beklagen, bei der Wehrmacht sind im Verlauf der der „Operation Blau" mehr als 300.000 Menschen gefallen, verhungert oder verwundet worden. Hinzu kommen mehrere Hunderttausend Verluste bei den italienischen, rumänischen und ungarischen Verbündeten. Für beide Seiten sind dies bis heute nur ungefähre Schätzungen.

Westdeutsche Opfermythen: Die verratene Armee

Trotz der ungleich größeren Anzahl an Verlusten und Verwundeten auf der sowjetischen Seite und ungeachtet all der Kriegsverbrechen, die auch die Sechste Armee auf ihrem Weg nach und in Stalingrad zu verantworten hatte, spielt dies in der deutschen Wahrnehmung der Schlacht bis heute keine Rolle. Vielmehr wurde die aufgrund der „Übermacht des Feindes und der ungünstigen Umstände“ besiegte Sechste Armee bereits von der nationalsozialistischen Propaganda als Opfer des Krieges inszeniert. „Sie starben, damit Deutschland lebe“ lautete die am 3. Februar 1943 im Rundfunk ausgegebene Parole. Für drei Tage lang wurde nationale Trauer ausgerufen, und Hermann Göring verglich das Schicksal der Sechsten Armee bereits am 30. Januar in seiner Rede zum zehnten Jahrestag der nationalsozialistischen „Machtergreifung“ mit dem „heroischen Kampf“ der Nibelungen sowie mit jenen 300 Spartanern, die seinerzeit im antiken Griechenland sich einer persischen Übermacht entgegengestellt hätten zur „Verteidigung des Abendlandes“. Joseph Goebbels begründete in seiner Sportpalastrede Ende Februar mit dem „großen Heldenopfer“ von Stalingrad die Notwendigkeit, nun einen „Totalen Krieg“ gegen den Bolschewismus zu beginnen. Der rücksichtslose Angriffskrieg wurde so zu einem heroischen Verteidigungskampf Europas gegen den „Ansturm aus dem asiatischen Osten“ umgedeutet und mit Bezug auf den „Kessel von Stalingrad“ zugleich zum Menetekel erklärt, das der ganzen deutschen Bevölkerung im Fall einer Niederlage drohte. Göring brachte das auf die Formel: „Freiheit oder Vernichtung.“

In der Nachkriegszeit blieb dieses Selbstbild der Soldaten als heldenhafte Opfer des Krieges weitgehend unangetastet, nur wurde nun alle Schuld für den „Opfergang“ allein Hitler zugeschrieben, der die Soldaten der Wehrmacht „auf dämonische Weise verführt, unterjocht und missbraucht“ (Norbert Frei) habe. Insbesondere, als nach dem Moskaubesuch von Bundeskanzler Konrad Adenauer im September 1955 die letzten der insgesamt bis zu 6000 überlebenden deutschen Stalingradkämpfer aus der Gefangenschaft heimkehren konnten, wurde dieses Entlastungsnarrativ populär. Gerade die Memoiren der Offiziere prägten das Bild vom „Führer“ als irrem Fanatiker, der durch seine militärische Inkompetenz die Niederlage an der Ostfront zu verantworten habe. Typisch für diese Schuldabwehr war die Autobiografie des als Kriegsverbrecher verurteilten Generalfeldmarschalls Erich von Manstein, der in dem nach seiner Haftentlassung 1955 veröffentlichten Werk *Verlorene Siege* den Vernichtungskrieg als zwar harten, aber gerechten und heroischen Kampf porträtierte, in dem sich die Generalität nichts habe zuschulden kommen lassen. Das Buch wurde zum Bestseller und löste einen regelrechten Kult um Mansteins Person aus.

Aber auch populäre Romane, Landserhefte und Filme prägten das Selbstbild der unschuldigen Soldaten wesentlich, wobei dem Leiden im Kessel häufig mit dem Auftritt eines Militärpfarrers eine christliche Dimension verliehen wurde. 1956 landete der meistgelesene Autor der Nachkriegszeit, der ehemalige Gestapomann Heinz G. Konsalik, mit seinem Roman *Der Arzt von Stalingrad* den ersten Bestseller, der millionenfach verkauft wurde. In ihm erscheinen die Deutschen in sowjetischer Gefangenschaft in Gestalt dreier aufopferungsvoller Ärzte als Idealbild von Menschlichkeit und Nächstenliebe, wohingegen sowjetische Protagonisten durch primitive Gier, Niedertracht und Fanatismus charakterisiert sind. Ein Jahr später erschien 1957 der angeblich unter Hypnose verfasste Roman *Die verratene Armee* von Heinrich Gerlach, der bei der Sechsten Armee als Offizier in verschiedenen

Wikipedia/ Helmuth Ellgaard

Plakat zum Film *Hunde, wollt Ihr ewig leben.*

Nachrichtenabteilungen tätig gewesen war. Wie der Titel schon andeutet, wird hier der Mythos von den ehrlichen Soldaten, die Hitler betrogen und in Stalingrad unendlichem Leid ausgesetzt habe, durch die vermeintlich authentische Erfahrung beglaubigt. Auch dieses Werk erreichte eine Millionenauflage.

Im Jahr 1959 kam dann mit dem Film *Hunde, wollt ihr ewig leben* von Frank Wisbar ein Straßenfeger an die Kinokassen, mit dem der ehemalige ostpreußische Offizier Wisbar nach eigener Aussage „die Tragödie eines Volkes, das seine Freiheit verliert“, darstellen wollte. Entsprechend konzentriert sich auch dieses „Stalingrad-Epos“ auf die ehrlichen, vom Sieg überzeugten Soldaten und Offiziere, die von ihrer Führung in die Irre geleitet worden sind. Im Zentrum steht ein guter nationalsozialistischer Oberleutnant, der von einem „liebenden Russenmädchen“ (Der Spiegel, 1959) umsorgt wird und am Ende in der Begegnung mit dem Kriegspfarrer seine

Läuterung erfährt, sodass sie beide erhobenen Hauptes in Gefangenschaft gehen können. Auch hier kommt die sowjetische Perspektive überhaupt nicht vor, deutsche Kriegsverbrechen gibt es nicht.

Die Stalingradkämpfer wurden so in Westdeutschland zum Kern des Opfernarrativs von der ‚sauberen Wehrmacht', das bis in die 1980er-Jahre weitgehend unangetastet fortexistierte. Gemeinsam war all diesen Werken, dass ihre eigentliche Handlung erst mit der Einkesselung der Sechsten Armee einsetzte. Das ist selbst kritischen Auseinandersetzungen mit dem Stalingrad-Mythos zu eigen, wie Alexander Kluges *Schlachtbeschreibung* (1964), der er in späteren, überarbeiteten Auflagen den Untertitel „Der organisatorische Aufbau eines Unglücks" gab. Auch der Antikriegsfilm *Stalingrad* von Joseph Vilsmaier folgt noch 1993 diesem Muster, der ungeachtet aller Hinweise auf Kriegsverbrechen vor allem von dem Martyrium der sympathischen und aufrichtigen deutschen Kameraden handelt. Symbolisch stärkster Ausdruck dieser christlich überhöhten Leidensgeschichte ist die „Madonna von Stalingrad", die der Militärarzt und evangelische Pfarrer Kurt Reuber auf der Rückseite einer sowjetischen Landkarte mit Zeichenkohle im Dezember 1942 kurz vor Weihnachten in Stalingrad malte. Es zeigt Maria mit Kind und sollte als Ikone den Soldaten ein Zeichen der Hoffnung vermitteln, worauf auch die womöglich später hinzugefügte Aufschrift „1942 / Weihnachten im Kessel / Licht Leben Liebe / Festung Stalingrad" hinweist.

Mit dem letzten gestarteten deutschen Transportflugzeug wurde das Bild aus dem Kessel ausgeflogen und erlangte bereits vor Kriegsende durch Reubers Freund, den in den Niederlanden stationierten Marineoberpfarrer und Dichter Arno Pötzsch, schnell Bekanntheit. Pötzsch ließ bereits vor Kriegsende Zehntausende kleine Bildkarten der Madonna in Holland und Belgien zur Erbauung der Soldaten drucken und veröffentlichte Sonette auf das Bild, in denen das Leid in der „Hölle" von Stalingrad als „Gottesopfer" erschien, „wo eidgetreu ihr auf verlornem Posten / bis hin zum Tod habt für das

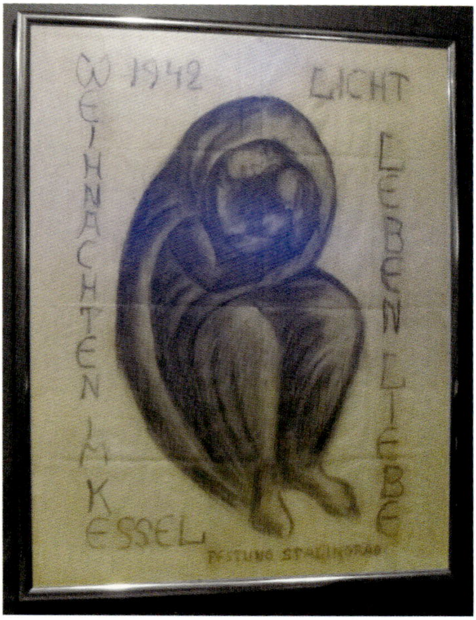

Wikipedia/I, Sailko

„Die Madonna von Stalingrad“ von Kurt Reuber, Dezember 1942, Abbildung aus der Kaiser-Wilhelm-Gedächtniskirche, Berlin.

Reich gestritten.“ Berühmtheit verschaffte dem Bild der Leutnant der NS-Propagandakompanie in Stalingrad, Heinz Schröter, der bereits 1944 für Joseph Goebbels, Reichsminister für Volksaufklärung und Propaganda, einen Augenzeugenbericht über den Kessel geschrieben hatte. Der Text wurde aber nicht zur Publikation zugelassen und von ihm erst 1953 unter dem Titel *Stalingrad „…bis zur letzten patrone“* veröffentlicht. In diesem Werk spielen die „Stalingradweihnachten“ mit Reubers Madonna eine prominente Rolle für das „Christwunder“.

Von nun an fand das Bild in unzähligen Kopien, Wanderausstellungen und Nachbildungen wachsende Verbreitung. Dutzende Kirchen in Westdeutschland ließen seit den 1950er-Jahren Statuen, Skulpturen, Reliefs und Wandbilder mit dem Motiv als Symbol der Trauer und des Gedenkens anfertigen, ehe das Originalbild im August 1983 in Anwesenheit des Bundespräsidenten, ehemaligen SA-Mitglieds und Wehrmachtleutnants Karl Carstens sowie des Enkels des letzten deutschen Kaisers Louis Ferdinand von Preußen feierlich der Berliner Kaiser-Wilhelm-Gedächtniskirche übergeben wurde, wo es heute noch hängt. Nach dem Ende des Kalten Krieges wurden Reproduktionen als Symbol für Frieden und Versöhnung auch an Kirchen in Coventry und Wolgograd verschenkt.

Zwar fand diese unkritische Verklärung der Schlacht um Stalingrad als Opfergang einer Armee seit den 1970er-Jahren in Westdeutschland keine ungeteilte Zustimmung mehr. Doch erst mit der Wanderausstellung „Vernichtungskrieg. Verbrechen der Wehrmacht 1941 bis 1944“ des Hamburger Instituts für Sozialforschung von 1995 begann eine eingehendere kritische öffentliche und wissenschaftliche Auseinandersetzung mit dem Thema. Die Ausstellung hatte die Verbrechen der Sechsten Armee als einen der zentralen Verbrechensschauplätze nachgezeichnet. Diese kritischere Sicht auf die Wehrmacht schlug sich auch in Ausstellungen des Deutsch-Russischen Museums in Berlin-Karlshorst (2003) zum 60. und im Militärhistorischen Museum der Bundeswehr in Dresden (2013) zum 70. Jahrestag der Schlacht nieder. Als Zeichen der Versöhnung wurden mit Unterstützung des Volksbundes Deutsche Kriegsgräberfürsorge Ende der 1990er-Jahre für die Gefallenen und Vermissten 37 Kilometer nordwestlich von Wolgograd auf dem Gelände eines ehemaligen Konzentrationslagers für sowjetische Gefangene ein sowjetischer Soldatenfriedhof sowie nebenan am Fluss Rossoschka auf dem Gelände eines ehemaligen Wehrmachtsfriedhofs erstmals in Russland auch eine Kriegsgräberstätte für deutsche Soldaten eingerichtet.

Sowjetisches Heldengedenken: Von der Kriegswende zur Mutter Heimat

Auf der sowjetischen Seite war die Schlacht von Stalingrad nicht weniger stark symbolisch aufgeladen als in Westdeutschland, allerdings unter umgekehrten Vorzeichen. Bereits vor deren Beginn wurde der Verteidigung der Stadt an der Wolga außerordentliche psychologische und propagandistische Bedeutung zugesprochen, um den Vormarsch der Wehrmacht endgültig zu stoppen und eine Kriegswende einzuleiten. Publizisten und Schriftsteller vor Ort waren angehalten, realistisch und glaubwürdig die Grausamkeit der Schlacht zu zeigen und gleichzeitig eine Zukunftsperspektive aufzuweisen, die die hohen Verluste und Rückschläge als gerechtfertigt erscheinen ließ. Dafür wurden große russische Feldherren wie Alexander Newski und Michail Kutusow als Vorbilder beschworen, aber auch das „Mütterchen Wolga“ als Lebensader Russlands, die es gegen die faschistischen Eindringlinge zu verteidigen gelte.

Autoren wie Wassili Grossman, Viktor Nekrassow oder Konstantin Simonow schrieben bereits während des Krieges und kurz danach Reportagen, Erzählungen und Romane, die den harten Kriegsalltag und Kampfeswillen der Frontsoldaten schildern. Am bekanntesten ist neben Simonows *Tage und Nächte* (1943) und Nekrassows *In den Schützengräben von Stalingrad* (1946) Grossmans Roman-Dilogie, dessen erster Teil *Für die gerechte Sache* (dt. *Wende an der Wolga*, 1952) erst nach Stalins Tod als Buch erscheinen konnte, dessen zweiter Teil *Leben und Schicksal* (1959) dann sogar ganz verboten wurde und erst in der Glasnostzeit 1988 in der Sowjetunion gedruckt werden durfte. Galt der erste Teil noch dem Kriegsgedenken an die gefallenen Vaterlandsverteidiger, stellte der zweite Teil nämlich auch eine schonungslose Darstellung des Stalinismus und generelle Abrechnung mit diktatorischer Herrschaft dar, was seine Publikation seinerzeit unmöglich machte. Grossman, der zusammen mit Ilja Ehrenburg auch Herausgeber des ebenfalls lange verbotenen *Schwarzbuchs* (1948) über den Genozid an den sowjetischen Juden ist, brachte *Leben und Schicksal* posthum große Anerkennung. Der Roman gilt heute als eines der wichtigsten Werke über die Stalinzeit und den Krieg.

Neben den unzähligen bildlichen und literarischen Darstellungen, die in der Nachkriegszeit entstanden, errichtete man in Stalingrad aus den Trümmern eine neue sozialistische Musterstadt zum Ruhm des Sieges und des „genialen Befehlshabers“ Stalin. Als Wolfang Koeppen im Frühjahr 1957 die wiederaufgebaute Stadt bereiste, erinnerten ihn deren „stolze Säulentempel“ und „Säulenpavillone“ an das antike Athen, wie er in seinen „empfindsamen Reisen“ *Nach Russland und anderswohin* schrieb: „Stalingrad ist aufgebaut, es ist der vollkommenste Aufbau, den man sich denken kann. Saubere und breite Straßen, saubere große Plätze, saubere, großzügige Grünflächen, saubere, helle Springbrunnen, saubere, hohe Häuser, saubere, eintönige Fassaden, saubere, immer aufgeräumte und immer menschenleere Balkone. Eine geplante Stadt. Eine unheimliche Stadt.“

Mit der von Nikita Chruschtschow Ende der 1950er Jahre eingeleiteten vorsichtigen Kritik an den Verbrechen des Stalinismus wurde die Stadt 1961 in Wolgograd umbenannt. Die von Stalin seinerzeit verworfenen Pläne für einen monumentalen Denkmalkomplex wurden wieder aufgegriffen. Er sollte auf der höchsten Erhebung der Stadt errichtet werden, dem Mamajew-Hügel, der einen der am stärksten umkämpften Orte während der Schlacht darstellte, an dem allein über 30.000 sowjetische Soldaten gefallen sein sollen. Nach acht Jahren Bauzeit wurde die von dem Bildhauer Jewgeni Wutschetitsch gestaltete Gedenkstätte „Für die Helden der Stalingrader Schlacht“ zu deren 25. Jahrestag 1967 fertiggestellt, die

alamy KHR7YP

Das als Geschenk der „Werktätigen der Deutschen Demokratischen Republik" am 19. September 1954 eröffnete Planetarium von Stalingrad. Aufnahme von 1958.

sich vom Wolgaufer her in Terrassen bis zur obersten Ebene erhebt und eine Reihe an Skulpturen und Denkmälern wie den „Platz der Helden", eine übergroße Pieta-Statue oder das Pantheon mit der ewigen Flamme enthält. Über all dem ragt die mit ihrem gehobenen Schwert 85 Meter hohe Statue „Mutter Heimat ruft" in Richtung des Flusses gewandt. Sie wurde in Anlehnung an die amerikanische Freiheitsstatue entworfen und war seinerzeit die höchste Kolossalstatue der Welt. Zugleich bildet das Denkmal zusammen mit der Skulptur „Vom Hinterland für die Front" (1978) in der im Südural gelegenen Industriestadt Magnitogorsk, wo zwei Arbeiter ein fertiggestelltes Schwert mit ausgetreckten Armen in die Höhe heben, und dem Sowjetischen Ehrenmal im Treptower Park in Berlin (1946 bis 1949 erbaut), auf dem ein Soldat als „Befreier" das Schwert gesenkt hält, ein Triptychon.

Matthias Schwartz

Im Vordergrund die den Verteidigern der Stadt gewidmete Skulptur *Standhalten bis zum Tod* von Jewgeni Wutschetitsch. Sie war das erste Denkmal, das in der Gedenkstätte auf dem Mamajew-Hügel fertiggestellt wurde.

So wurde die Stadt des triumphalen Sieges seit den 1960er Jahren zum wichtigsten sowjetischen Gedenkort für die Gefallenen des Krieges, was durch das erst 1985 fertiggestellte Panorama-Museum „Die Stalingrader Schlacht" noch zusätzlich unterstrichen wird. Der um die erhalten gebliebene Ruine einer alten Mühle im Stil des spätsowjetischen Modernismus errichtete Museumsbau wird überragt von dem Rundgebäude, das ein 16 × 120 Meter großes Panoramagemälde beherbergt. Ursprünglich sollte dieses in dem jetzigen Pantheon untergebracht werden, was aber aufgrund statischer Probleme nicht möglich war. Das realistische Bild voller symbolischer Details eröffnet die Sicht von der Bergspitze auf den Kampf um den Mamajew-Hügel am 26. Januar 1943.

Während Moskau der Ort der Militärparaden und Siegesfeierlichkeiten ist, die jährlich am 9. Mai zusammen mit Gästen aus aller Welt begangen werden, zielt auch im heutigen postsowjetischen Russland das Erinnern an die „unsterbliche Heldentat der Verteidiger Stalingrads“ darauf, kollektive Zugehörigkeit zu stiften. Regelmäßig nimmt Präsident Wladimir Putin Gedenkzeremonien in Wolgograd zum Anlass, um patriotische Wachsamkeit gegenüber möglichen äußeren Aggressoren anzumahnen.

Matthias Schwartz

Wolgograd als Erinnerungsort – Souvenirs aus dem Jahr 2019.

Dank an Stalingrad: Die Schlacht als ostdeutscher und globaler Gedächtnisort

Während in Westdeutschland mit dem eigenen Leiden im Stalingrader Kessel alle Kriegsschuld verdrängt werden konnte, war in Ostdeutschland die Situation komplizierter. Schon im Moskauer Exil hatten kommunistische Emigranten wie Johannes R. Becher in seinem Gedicht *Dank an Stalingrad* (1943) den Sieg der Roten Armee als Geburtsstunde eines neuen, besseren Deutschland gefeiert. Theodor Plievier schrieb den auf Interviews mit deutschen Kriegsgefangenen beruhenden dokumentarischen Roman *Stalingrad* (1944), der eine schonungslose Abrechnung mit dem Kameradschaftsgeist darstellte und unmittelbar nach dem Krieg in allen Besatzungszonen zum Bestseller wurde, ehe der Autor aufgrund seiner Übersiedlung nach Westdeutschland verfemt wurde.

In der 1949 gegründeten DDR galt die Schlacht von Stalingrad als entscheidender Wendepunkt, der für die antifaschistische und antimilitaristische Ausrichtung des jungen Staates von grundlegender Bedeutung war. Franz Fühmanns autobiographisches Poem *Die Fahrt nach Stalingrad* (1953) stellt zum Beispiel den Feldzug als schmerzhafte Läuterung einer „verirrten Jugend" dar, die letztlich begreift, dass die Nationalsozialisten, und nicht die Bolschewiki der wahre Feind sind. Ehemaligen Wehrmachtsangehörigen sollte der „Wendepunkt Stalingrad" die Augen öffnen über das mörderische Wesen des Faschismus. In der Volksarmee sollten die Einsichtigen für den Erhalt des Friedens und ein besseres Deutschland kämpfen. Eine wichtige Rolle spielte hierbei ausgerechnet Generalfeldmarschall Paulus, der seit August 1944 Aufrufe des in der Gefangenschaft gegründeten Bundes Deutscher

Bundesarchiv, Bild 183-25343-0001 Krüger

Der ehemalige Oberbefehlshaber der Sechsten Armee in Stalingrad, Friedrich Paulus, am 2. Juli 1954 auf einer Pressekonferenz des Ausschusses für Deutsche Einheit in Ost-Berlin.

Offiziere an das deutsche Volk unterzeichnet hatte, sich von Hitler loszusagen, und der bei den Nürnberger Prozessen 1946 als Zeuge der Anklage aufgetreten war. Auch nach seiner Übersiedlung in die DDR 1953 trat Paulus immer wieder öffentlichkeitswirksam für seine neue Heimat, gegen die Wiederbewaffnung und gegen die Westintegration der Bundesrepublik in Erscheinung.

Zum Dank für die Befreiung schenkten die „Werktätigen der Deutschen Demokratischen Republik" der Stadt Stalingrad 1951 ein Planetarium mit einem Projektor aus Jena, das 1954 fertiggestellt wurde und noch heute in Betrieb ist. Zugleich wurde Stalingrad in der DDR im Zeichen des Kalten Krieges aber auch zum Inbegriff für die „Zerstörungswut kapitalistischer Aggressoren“. In der Presse wurde Stalingrad mit Hiroshima oder Vietnam gleichgesetzt.

Aber auch in den besetzten Gebieten Westeuropas hatte die Schlacht von Stalingrad hohe symbolische Bedeutung, insbesondere für die kommunistischen Parteien und die Widerstandsgruppen in Frankreich und Belgien. Mit großer Aufmerksamkeit verfolgte die übrige Bevölkerung die erbitterten Kämpfe um die Stadt. Kurz nach der Kapitulation tauchte im Frühjahr 1943 eine Vielzahl an Witzen, Spottversen und Liedern über die deutsche Niederlage auf. Der Sieg der Roten Armee in Stalingrad gab den eigenen Hoffnungen auf eine baldige Befreiung durch die Alliierten eine konkrete Perspektive. Charles de Gaulles bezieht sich schon seit der Einkesselung der Sechsten Armee im November 1942 positiv auf die Stadt als wichtiger Etappe zum Sieg und bereist als erster westlicher Politiker bereits im Herbst 1944 Stalingrad, um deren Verteidigern die Ehre zu erweisen.

Nach dem Krieg werden in Belgien, Frankreich und den Niederlanden Straßen, Plätze und Stationen nach Stalingrad und auch zu Ehren Stalins umbenannt. Während Stalins Name

Wikipedia Cramos

Bahnsteig der Metro-Station Stalingrad in Paris, 2011.

nach der Offenlegung seiner Verbrechen durch Nikita Chruschtschow in der so genannten Geheimrede auf dem 20. Parteikongress der KPdSU im Februar 1956 genauso wie in der Sowjetunion bald vollständig aus dem Straßenbild verschwindet, gibt es noch heute beispielsweise in Frankreich mehr als hundert Straßen und Plätze, die den Namen der Stadt tragen, obwohl diese 1961 in Wolgograd umbenannt wurde.

In der populären Kultur lebt der Name jedoch nicht so sehr als entscheidender Wendepunkt des Zweiten Weltkrieges fort, sondern eher als epische Schlacht vergleichbar mit der Völkerschlacht bei Leipzig 1813 oder Schlacht um Verdun 1916. Bereits in den 1960er-Jahren tauchte der Name als Titel von Brettspielen auf, in denen man sein Geschick in strategischem Denken bei der Planung von Schlachten (*Stalingrad,* 1963) oder im Straßenkampf (*Streets of Stalingrad,* 1979) testen konnte. In den letzten Jahrzehnten waren es dann Computerspiele über den Zweiten Weltkrieg, vor allem Egoshooter wie *Call of Duty* (seit 2003), Echtzeit-Taktikspiele wie *Sudden Strike* (seit 2001) oder Strategiespiele wie *Company of Heroes 2* (2013), in denen Stalingrad einen prominenten Schauplatz einnimmt. Aber auch im Kino sind der Schlacht immer wieder große Blockbuster gewidmet worden wie Jean-Jacques Annauds *Duell – Enemy at the Gates* (2001) über einen legendären sowjetischen Scharfschützen oder der zum 70. Jahrestag der Schlacht gedrehte erste russische 3D-Film *Stalingrad* (2013) von Fjodor Bondartschuk.

Die Schlacht ist in all diesen populären Werken zum Inbegriff des modernen Krieges geworden, in dem von bislang noch überwiegend männlichen Protagonisten neuestes Kriegsgerät und archaischer Kampfesmut, strategisches Geschick und kühnes Heldentum, Tod und Schicksal auf die Probe gestellt werden.

In der offiziellen Erinnerungskultur wird Stalingrad weltweit weiterhin eine symbolträchtige Schlacht des Zweiten Weltkriegs und insbesondere auch in Russland ein zentraler Erinnerungsort für die Gefallenen des deutschen Angriffskriegs

alamy FHP6GM

Poster für den Film *Stalingrad* (2013) von Fjodor Bondartschuk.

bleiben. Wenn man im heutigen Wolgograd die Ausstellungsräume des Panoramamuseums der Schlacht von Stalingrad betritt, dann stößt man zuerst auf ein großes Miniaturmodell der Stadt vom 23. August 1942, auf dem mit Videobildern und Tonspuren die Bombardierung und Zerstörung der Stadt simuliert wird. In Deutschland hat der selbstbezogene Opfermythos hingegen zwar inzwischen die identitätsstiftende Bedeutung verloren, die er in der alten Bundesrepublik noch hatte, doch der mörderische Vernichtungskrieg, den die Wehrmacht in Stalingrad und an anderen Orten geführt hat, ist noch lange nicht anerkanntes Allgemeinwissen. Das zeigt sich auch daran, dass es bis heute kein zentrales Museum oder Denkmal in Deutschland gibt, das der Erinnerung an die Opfer der nationalsozialistischen Verbrechen im Osten Europas gewidmet ist.

Wikipedia/ Edmund Gall

Fragment des Panoramas *Die Niederlage der deutschen faschistischen Truppen in Stalingrad* im Panorama-Museum „Die Stalingrader Schlacht“

Wikipedia/Alexxx1979

Blick von der Wolga aus auf das Panorama-Museum „Die Stalingrader Schlacht“, Wolgograd

Literatur

Antony Beevor: *Stalingrad*. München 1999.

Jens Ebert (Hg.): Organisation eines Mythos, in: Ders. *Feldpostbriefe aus Stalingrad. November 1942 bis Januar 1943*, Göttingen 2003, S. 333–402.

Norbert Frei: „Stalingrad“ im Gedächtnis der (West-)Deutschen, in: Jahn (Hg.): *Stalingrad erinnern*, S. 8–15.

Alexey V. Isaev: *Stalingrad. City on Fire*, Yorkshire 2019.

Ian Garner: *The Myth of Stalingrad in Soviet Literature, 1942–1963*, Toronto 2018.

Hannes Heer und Birgit Otte (Hg.): *Vernichtungskrieg. Verbrechen der Wehrmacht 1941 bis 1944* (Eine Ausstellung des Hamburger Instituts für Sozialforschung, Katalog), Hamburg 1996,

Jochen Hellbeck (Hg.): *Die Stalingrad-Protokolle. Sowjetische Augenzeugen berichten aus der Schlacht*, Frankfurt am Main 2012.

Peter Jahn (Hg.): *Stalingrad erinnern. Stalingrad im deutschen und russischen Gedächtnis.* (Eine Ausstellung des Deutsch-Russischen Museums Berlin-Karlshorst, Katalog), Berlin 2003.

Michael Kumpfmüller: *Die Schlacht von Stalingrad. Metamorphosen eines deutschen Mythos,* München 1995.

Christina Morina: *Legacies of Stalingrad. Remembering the Eastern Front in Germany since 1945.* Cambridge 2011.

Scott W. Palmer: How Memory Was Made: The Construction of the Memorial to the Heroes of the Battle of Stalingrad, *Russian Review* 68 (2000), S. 373–407.

Marina Ryblowa (Hg.): *Deti i wojna. Stalingradskaja bitwa i shisn w wojennom Stalingrade w wospominanijach shitelej goroda (Kinder und Krieg. Die Schlacht von Stalingrad und das Leben in Stalingrad während des Krieges in den Erinnerungen der Stadtbewohner)*, Wolgograd 2014.

Gorch Pieken, Matthias Rogg und Sven Wehner (Hg.): *Stalingrad.* (Eine Ausstellung des Militärhistorischen Museums der Bundeswehr, Katalog), Dresden 2012.

Wassili Tschuikow: *Die Schlacht des Jahrhunderts,* Berlin 1988.

Matthias Schwartz

Der Platz der Helden auf dem Mamajew-Hügel mit dem Pantheon rechts im Hintergrund, 2019.